Robin Hill School
BOOK 3

The Counting Race

STORY BOOK

written by Margaret McNamara
illustrated by Mike Gordon

Long tail Books

Robin Hill School
BOOK 3

The Counting Race

For information about permission, write to team@ltinc.net
ISBN 979-11-93992-02-9

Longtail Books

The Counting Race

Robin Hill School
BOOK 3

written by Margaret McNamara

illustrated by Mike Gordon

"We are having
a race today,"
said Mrs. Connor.

5

The first graders
loved races.

"A running race?"
asked Reza.

"An eating race?"
asked Katie.

"No," said Mrs. Connor,
"a counting race."
"What is a counting race?"
   asked Hannah.

"I am going to see
if you can count to ten
in one second,"
said Mrs. Connor.

"That is so easy,"
said James.

"I'll go first,"
said Michael.
"One, two, three, four,
five, six—"

"Out of time,"
said Mrs. Connor.

"My turn," said Neil.
"One, two, three, four,
five, six, seven—"

"Sorry, Neil,"
said Mrs. Connor.

"Me next!" said Eigen.
"One, two, three, four,
five, six, seven, eight—"
"Close!" said Mrs. Connor.

Hannah put up her hand.
"Mrs. Connor, can all
the first graders
work on this
together?" she asked.

"Yes, Hannah,"
said Mrs. Connor.

All the first graders
got together.

They talked loudly.

They talked quietly.

They had an idea.

"Ask us to race again,
Mrs. Connor,"
said Megan.

"Okay," said Mrs. Connor.
"Can you count to ten
in one second?"

All together,
the first graders said,

"Two! Four!
Six! Eight!
Ten!"

"You did it,"
said Mrs. Connor.
"Good for you!"

"We counted by twos,"
said Emma.
"It is a faster way
to count," said James.

"Here is one more question,"
said Mrs. Connor.

"Two, four, six, eight.
Who do I appreciate?"
The children knew
the answer.

"Us!" they said.
And they were right again.

Welcome to the world of Robin Hill School, full of surprise and fun!

Mrs. Connor's first-grade class is having a counting race! They are trying to count from one to ten in less than a second. But no one is fast enough to get all the way to ten before time is up. That is, until the first graders work together to come up with a faster way to count!

The Counting Race

Robin Hill School
BOOK 3

· 영어 원서 & 워크북 ·

지은이 마거릿 맥나마라 · 성기홍
그림 마이크 고든

이 책은 이렇게 만들었어요!

이 책은 **영어 원서(별책)**,
그리고 영어 원서에 기반한 단어·쓰기 활동들을 담은
워크북(본책)으로 구성되어 있습니다.
먼저 원서를 통해 미국 초등학교를 배경으로 펼쳐지는
톡톡 튀는 이야기를 재미있게 읽고,
워크북을 통해 단계별로 차근차근 공부해 보세요!

 원서의 구성

별책으로 분리해서 가볍게 읽을 수 있는 영어 원서!
가독성을 위해 수입 원서의 판형을 시원하게 키우면서,
알록달록하고 개성 있는 일러스트는 그대로 유지했습니다.

워크북의 구성
원서의 한국어 번역과 함께, 혼자서도 차근차근 공부할 수 있도록
다양한 단어·쓰기 활동들을 단계별로 담았습니다.

한국어 번역 p.5~32

워크북에 담긴 한국어 번역의 페이지 번호는 영어 원서와
동일하게 유지했고, 최대한 직역에 가깝게 번역했습니다.
원서를 읽다가 이해가 가지 않는 부분이 있으면,
워크북의 같은 페이지를 펼쳐서 번역을 확인해 보세요!

Vocabulary & Vocabulary Quiz p.34~37

원서에서 선별한 핵심 단어들을 아기자기한 일러스트와 함께
확인하고, 직접 따라 쓰면서 공부해 보세요. 이어서 다양한
단어 퀴즈들을 통해 앞에서 공부한 단어들을 복습할 수 있습니다.

Let's Practice! p.38~53

원서에서 선별한 핵심 문장들을 통해 총 8가지 문장 패턴을
학습할 수 있습니다. 추가로 제공되는 단어·표현들을 가지고
패턴 문장들을 응용해서 써 보고, 받아쓰기로 마무리해 보세요!

Let's Fill In! `p.54~61`

앞에서 공부한 패턴 문장들로 이루어진 다양한 글들의 빈칸을
채워 보세요. 지문의 종류는 일기, 편지, 문자 등으로
이루어져 있어서 손쉬운 실생활 적용이 가능합니다.

Let's Write! `p.62~65`

패턴 문장들로 이루어진 글들을 그대로 따라 쓰면서
긴 호흡의 글쓰기를 연습해 보세요. 지문의 내용은 영어 원서와
자연스럽게 연결되어 있어서 흥미를 잃지 않을 수 있습니다.

My Diary `p.66`

마지막 총 정리의 시간! 앞에서 공부한 패턴 문장들,
그리고 다채롭게 주어진 힌트들을 가지고 나만의 일기를 완성해 보세요.

Fun Fact `p.67`

주어진 활동들을 모두 마쳤다면, 원서의 내용과 관련된
미국 초등학교 생활에 관한 흥미로운 정보를 읽어 보세요.
원서의 줄거리를 떠올리면서 미국 현지 문화를 자연스럽게 엿볼 수 있습니다.

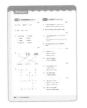

Answers `p.68~70`

워크북의 맨 끝에는 앞에서 공부한 활동들의 정답을 담았습니다.
영어 실력을 얼마나 쌓았는지 확인해 보세요!

추천 진도표 ✏️

QR 코드를 인식해서 효린파파 선생님이 직접 작성한 진도표를 다운받아 보세요!

「로빈 힐 스쿨」을 효과적으로 활용해서 공부할 수 있도록, 원서와 워크북의 학습 요소들을
10일 분량으로 나눈 추천 진도표를 PDF 파일로 제공합니다.

"우리는 오늘

경주를 할 거야."

코너 선생님이 말했습니다.

1학년 아이들은

경주를 아주 좋아했어요.

"달리기 경주예요?"

레자가 물었습니다.

"먹기 경주예요?"
케이티가 물었어요.

"아니야." 코너 선생님이 말했어요.

"숫자 세기 경주란다."

"숫자 세기 경주가 뭐예요?"

해나가 물었습니다.

"너희가 일 초 동안
숫자 십까지 셀 수 있는지
선생님이 볼 거야."
코너 선생님이 말했어요.

"그건 너무 쉬워요."

제임스가 말했습니다.

"제가 먼저 할게요."
마이클이 말했습니다.
"일, 이, 삼, 사,
오, 육—"

"시간 초과."

코너 선생님이 말했습니다.

"제 차례예요." 닐이 말했습니다.

"일, 이, 삼, 사,

오, 육, 칠—"

"아쉽구나, 닐."
코너 선생님이 말했어요.

"다음은 저요!" 아이겐이 말했습니다.

"일, 이, 삼, 사,

 오, 육, 칠, 팔—"

"아까운 걸!" 코너 선생님이 말했어요.

해나가 자신의 손을 들었습니다.

"코너 선생님,

모든 1학년 아이들이

함께 노력해 봐도 되나요?"

해나가 물었습니다.

"물론이지, 해나야."

코너 선생님이 말했어요.

모든 1학년 아이들이

모였습니다.

아이들은 큰 소리로 이야기했습니다.

그리고 조용히 말하기도 했어요.

아이들은 좋은 생각이 떠올랐습니다.

"저희에게 다시 경주하라고 시켜 주세요,

코너 선생님."

메건이 말했습니다.

"좋아." 코너 선생님이 말했습니다.

"너희 일 초 동안

숫자 십까지 셀 수 있겠니?"

모두 함께,

1학년 아이들이 말했습니다.

"이! 사!
육! 팔!
십!"

"너희가 해냈구나."

코너 선생님이 말했습니다.

"참 잘했어!"

"저희는 둘씩 뛰어 셌어요."

엄마가 말했습니다.

"그건 더 빠르게 세는 방법이에요."

제임스가 말했어요.

"여기 질문이 하나 더 있단다."
코너 선생님이 말했습니다.

"이, 사, 육, 팔.

선생님이 누구를 칭찬할까?"

아이들은 그 답을

알고 있었습니다.

"저희 전부요!" 아이들이 대답했습니다.
그리고 아이들은 이번에도 옳았습니다.

Activities

Counting Race는 재미있게 읽었나요?

★ ★ ★

이제 **Counting Race** 이야기에 기반해서

여섯 파트로 이루어진

다양한 활동들을 준비했어요.

단어장부터 문장·문단 쓰기까지,

차근차근 따라서 공부하다 보면

어느새 나만의 글을 쓸 수 있을 거예요.

QR 코드를 인식해서,
앞에서 읽은 이야기를 떠올리면서
원서 오디오북을 다시 한번 들어 보세요!

경주

race

매우 좋아하다

love

달리기

running

묻다

ask

먹다

eat

수를 세다

count

(시간) 초

second

쉬운

easy

시간
(out of time 시간 초과)

time

차례, 순서

turn

아까운, 아슬아슬한

close

~을 높이 올리다

put up

손

hand

노력하다, 애쓰다

work on

함께, 같이

together

큰 소리로, 시끄럽게

loudly

조용히

quietly

생각

idea

한 번 더, 다시

again

빠른
(비교급 faster)

fast

질문

question

인정하다, 알아주다

appreciate

정답

answer

옳은, 맞는

right

PART 02 Vocabulary Quiz

A 빈칸을 채워 그림에 알맞은 단어를 완성해 보세요.

q u i e tly

toge____er

c____nt

B 알파벳을 바르게 배열하여 그림에 알맞은 단어를 써 보세요.

a y s e

t m e i

r u t n

easy

C 그림에 알맞은 단어를 골라 ✔ 표시하고, 칸에 맞춰 다시 한번 써 보세요.

1 ☑ running ☐ ranning

2 ☐ ibea ☐ idea

3 ☐ agein ☐ again

4 ☐ second ☐ secund

D 그림에 알맞은 단어를 연결하고, 빈칸을 채워 단어를 완성해 보세요.

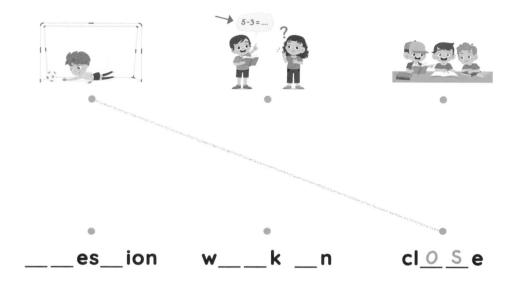

__ __ es __ ion   w ___ k __ n   cl _o_ _s_ e

E 그림을 보고 알맞은 단어를 넣어 퍼즐을 완성해 보세요.

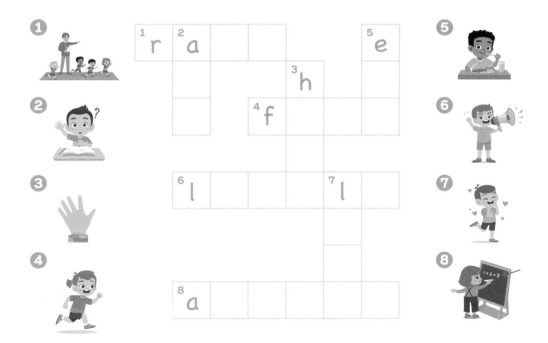

Let's Practice!

A 다음 문장을 소리 내어 읽고, 차근차근 따라 써 보세요.

We are having a race today.

우리는 오늘 경주를 할 거야.

STEP 1 We are having

우리는 ~을 할 거야.

STEP 2 We are having a race

우리는 경주를 할 거야.

STEP 3 We are having a race today.

우리는 오늘 경주를 할 거야.

다시 한번 써 보세요!

B QR 코드를 인식해서, 주어진 표현을 듣고 한 번씩 따라 써 보세요. 🎧

1 **spelling test** 받아쓰기 시험

spelling test

2 **quiz game** 퀴즈 게임

quiz game

3 **music practice** 음악 연습

music practice

4 **soccer match** 축구 시합

soccer match

C 주어진 표현을 사용해서 문장을 따라 쓰고 완성해 보세요.

1 우리는 오늘 축구 시합을 할 거야.　　　a soccer match

We are having a soccer match
today.

2 우리는 오늘 퀴즈 게임을 할 거야.　　　a quiz game

We are having

3 우리는 오늘 받아쓰기 시험을 볼 거야.　　　a spelling test

We

D QR 코드를 인식해서, 문장을 듣고 받아 써 보세요.

Let's Practice!

A 다음 문장을 소리 내어 읽고, 차근차근 따라 써 보세요.

I am going to see if you can count to ten.

나는 너희가 숫자 십까지 셀 수 있는지 볼 거야.

STEP 1 I am going to see

나는 볼 거야.

STEP 2 I am going to see if you can

나는 너희가 ~할 수 있는지 볼 거야.

STEP 3 I am going to see if you can

count to ten.

나는 너희가 숫자 십까지 셀 수 있는지 볼 거야.

B QR 코드를 인식해서, 주어진 표현을 듣고 한 번씩 따라 써 보세요. 🎧

1 spell this word 이 단어의 철자를 쓰다

spell this word

2 sing this song 이 노래를 부르다

sing this song

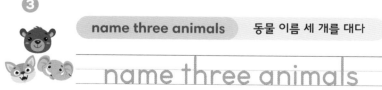

3 name three animals 동물 이름 세 개를 대다

name three animals

C 주어진 표현을 사용해서 문장을 따라 쓰고 완성해 보세요.

1 나는 너희가 이 노래를 부를 수 있는지 볼 거야. ·sing this song

I am going to see if you can
sing this song.

2 나는 너희가 이 단어의 철자를 쓸 수 있는지 볼 거야. ·spell this word

I am going to see

3 나는 너희가 동물 이름 세 개를 댈 수 있는지 볼 거야. ·name three animals

I

D QR 코드를 인식해서, 문장을 듣고 받아 써 보세요. 🎧

Let's Practice!

A 다음 문장을 소리 내어 읽고, 차근차근 따라 써 보세요.

That is so easy.

그것은 정말 쉬워요.

STEP 1 That

그것은

STEP 2 That is

그것은 ~이에요.

STEP 3 That is so easy.

그것은 정말 쉬워요.

다시 한번 써 보세요!

B QR 코드를 인식해서, 주어진 단어를 듣고 한 번씩 따라 써 보세요. 🎧

① **difficult**　　어려운

difficult

② **boring**　　지루한

boring

③ **fun**　　재밌는

fun

④ **great**　　멋진

great

C 주어진 단어를 사용해서 문장을 따라 쓰고 완성해 보세요.

1 그것은 정말 지루해요.

boring

That is so boring.

2 그것은 정말 재밌어요.

fun

That is

3 그것은 정말 어려워요.

difficult

That

4 그것은 정말 멋져요.

great

That

D QR 코드를 인식해서, 문장을 듣고 받아 써 보세요.

1

2

Let's Practice!

A 다음 문장을 소리 내어 읽고, 차근차근 따라 써 보세요.

They talked quietly.

그들은 조용히 이야기했어요.

STEP 1 They
그들은

STEP 2 They talked
그들은 이야기했어요.

STEP 3 They talked quietly.
그들은 조용히 이야기했어요.

다시 한번 써 보세요!

B QR 코드를 인식해서, 주어진 단어를 듣고 한 번씩 따라 써 보세요. 🎧

1 quickly 빠르게
quickly

2 slowly 느리게
slowly

3 softly 부드럽게
softly

4 excitedly 신이 나서
excitedly

C 주어진 단어를 사용해서 문장을 따라 쓰고 완성해 보세요.

1 나는 부드럽게 이야기했어요.

softly

I talked softly.

2 그들은 빠르게 이야기했어요.

quickly

They talked

3 나는 느리게 이야기했어요.

slowly

I

4 우리는 신이 나서 이야기했어요.

excitedly

We

D QR 코드를 인식해서, 문장을 듣고 받아 써 보세요. 🎧

1

2

Let's Practice!

A 다음 문장을 소리 내어 읽고, 차근차근 따라 써 보세요.

Ask us to race again.

저희에게 다시 경주하라고 시켜 주세요.

STEP 1 Ask

시켜 주세요.

STEP 2 Ask us

저희에게 시켜 주세요.

STEP 3 Ask us to race again.

저희에게 다시 경주하라고 시켜 주세요.

다시 한번
써 보세요!

B QR 코드를 인식해서, 주어진 단어를 듣고 한 번씩 따라 써 보세요. 🎧

①
run   달리다
run

②
jump   점프하다
jump

③
listen   듣다
listen

④
answer   대답하다
answer

C 주어진 단어를 사용해서 문장을 따라 쓰고 완성해 보세요.

1 저희에게 다시 점프하라고 시켜 주세요. `jump`

Ask us to jump again.

2 저희에게 다시 달리라고 시켜 주세요. `run`

Ask us

3 저희에게 다시 대답하라고 시켜 주세요. `answer`

Ask

4 저희에게 다시 들으라고 시켜 주세요. `listen`

Ask

D QR 코드를 인식해서, 문장을 듣고 받아 써 보세요. 🎧

1

2

A 다음 문장을 소리 내어 읽고, 차근차근 따라 써 보세요.

Can you count to ten in one second?

너희 일 초 동안 숫자 십까지 셀 수 있겠니?

STEP 1 Can you

너희 ~할 수 있겠니?

STEP 2 Can you count to ten

너희 숫자 십까지 셀 수 있겠니?

STEP 3 Can you count to ten

in one second?

너희 일 초 동안 숫자 십까지 셀 수 있겠니?

B QR 코드를 인식해서, 주어진 표현을 듣고 한 번씩 따라 써 보세요. 🎧

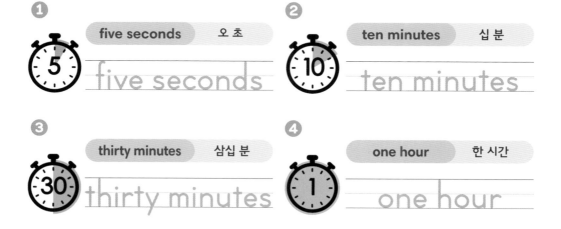

❶
five seconds   오 초

5   five seconds

❷
ten minutes   십 분

10   ten minutes

❸
thirty minutes   삼십 분

30   thirty minutes

❹
one hour   한 시간

1   one hour

C 주어진 표현을 사용해서 문장을 따라 쓰고 완성해 보세요.

1 너희 오 초 동안 숫자 십까지 셀 수 있겠니?　　　　　　　　　five seconds

Can you count to ten
in five seconds?

2 너희 십 분 동안 숫자 백(one hundred)까지 셀 수 있겠니?　　　ten minutes

Can you count

3 너희 삼십 분 동안 숫자 천(one thousand)까지 셀 수 있겠니?　　thirty minutes

Can you

D QR 코드를 인식해서, 문장을 듣고 받아 써 보세요. 🎧

Let's Practice!

A 다음 문장을 소리 내어 읽고, 차근차근 따라 써 보세요.

It is a faster way to count.

그것은 더 빠르게 세는 방법이에요.

STEP 1 It is

그것은 ~이에요.

STEP 2 It is a faster way

그것은 더 빠른 방법이에요.

STEP 3 It is a faster way to count.

그것은 더 빠르게 세는 방법이에요.

다시 한번 써 보세요!

B QR 코드를 인식해서, 주어진 표현을 듣고 한 번씩 따라 써 보세요.

1 get to school 학교에 도착하다

get to school

2 make a cake 케이크를 만들다

make a cake

3 get dressed 옷을 입다

get dressed

4 do homework 숙제를 하다

do homework

C 주어진 표현을 사용해서 문장을 따라 쓰고 완성해 보세요.

1 그것은 더 빠르게 케이크를 만드는 방법이에요.   make a cake

It is a faster way

to make a cake.

2 그것은 더 빠르게 숙제를 하는 방법이에요.   do homework

It is

3 그것은 더 빠르게 학교에 도착하는 방법이에요.   get to school

It

D QR 코드를 인식해서, 문장을 듣고 받아 써 보세요. 🎧

Let's Practice!

A 다음 문장을 소리 내어 읽고, 차근차근 따라 써 보세요.

Here is one more question.

- -

여기 질문이 하나 더 있어.

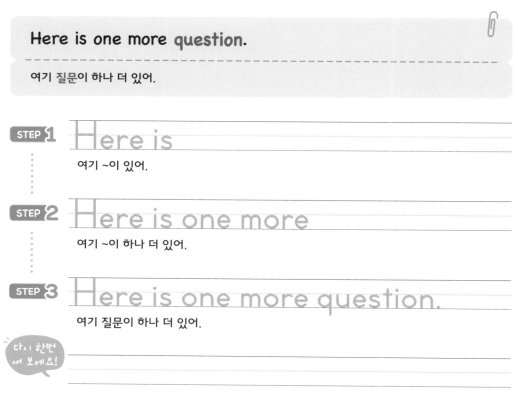

STEP 1 Here is

여기 ~이 있어.

STEP 2 Here is one more

여기 ~이 하나 더 있어.

STEP 3 Here is one more question.

여기 질문이 하나 더 있어.

다시 한번 써 보세요!

B QR 코드를 인식해서, 주어진 단어를 듣고 한 번씩 따라 써 보세요. 🎧

① **word** 단어

word

② **story** 이야기

story

③ **news** 소식

news

④ **problem** 문제

problem

C 주어진 단어를 사용해서 문장을 따라 쓰고 완성해 보세요.

1 여기 소식이 하나 더 있어.   news

Here is one more news.

2 여기 단어가 하나 더 있어.   word

Here is

3 여기 문제가 하나 더 있어.   problem

Here

4 여기 이야기가 하나 더 있어.   story

Here

D QR 코드를 인식해서, 문장을 듣고 받아 써 보세요. 🎧

1

2

Let's Fill In!

A 보기 에 주어진 표현을 사용해서 Neil의 하루를 완성해 보세요.

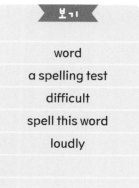

보기

word
a spelling test
difficult
spell this word
loudly

"We are having ____a spelling test____ today," said Mrs. Connor.

"우리는 오늘 받아쓰기 시험을 볼 거야." 코너 선생님이 말했어요.

"I am going to see if you can _____."

"나는 너희가 이 단어의 철자를 쓸 수 있는지 볼 거야."

"That is so _____!" said Neil.

"그건 정말 어려워요!" 닐이 말했어요.

"All right, here is one more _____," said Mrs. Connor.

"좋아, 여기 단어가 하나 더 있단다." 코너 선생님이 말했어요.

This time, everyone put up their hands.

이번에는, 모두가 손을 들었습니다.

"I'll go first!" they said _____.

"제가 먼저 할게요!" 아이들이 큰 소리로 말했어요.

왼쪽에 있는 Neil의 하루를 보고, '나'의 일기로 바꿔 써 보세요.

잘 생각이 나지 않으면 아래의 우리말 힌트를 참고해도 좋아요.

Title: The Spelling Test   ☺ October 4th, Friday

"we [are] [_____] a spelling test

today," said Mrs. Connor.

"I am going to see [____] you can

spell this word."

"[_____] [____] so difficult!" I said.

"All right, [_____] [____] one more

word," said Mrs. Connor.

This time, everyone [_____] [_____]

their hands.

"I'll go [_____]!" we said loudly.

우 리 말 힌 트

"우리는 오늘 받아쓰기 시험을 볼 거야." 코너 선생님이 말씀하셨다. "나는 너희가 이 단어의 철자를 쓸 수 있는지 볼 거야." "그건 정말 어려워요!" 내가 말했다. "좋아, 여기 단어가 하나 더 있단다." 코너 선생님이 말씀하셨다. 이번에는, 모두가 손을 들었다. "제가 먼저 할게요!" 우리가 큰 소리로 말했다.

Let's Fill In!

A 보기 에 주어진 표현을 사용해서 Michael의 하루를 완성해 보세요.

보기

ride a bike

get to school

took a bus

late

problem

Michael _____ to school and he was

_____ again.

마이클은 버스를 타고 학교에 갔고 또 지각을 했어요.

"Why don't you _____?" asked Hannah.

"자전거를 타면 어때?" 해나가 물었어요.

"It is a faster way to _____."

"그건 더 빠르게 학교에 도착하는 방법이야."

"Here is one more _____," said Michael.

"여기 문제가 하나 더 있어." 마이클이 말했어요.

"I can't ride a bike."

"나는 자전거를 못 타."

"That's too bad!" said Hannah.

"그거 정말 안됐다!" 해나가 말했어요.

B 왼쪽에 있는 Michael의 하루를 보고, [보기]에 주어진 표현을 사용해서 Michael이 자신의 친구 Nick에게 쓴 편지를 완성해 보세요.

[보기] one more | it is | can't | here | faster | ride a bike

Dear Nick,

I took a bus to school and I was late again.

나는 버스를 타고 학교에 갔고 또 지각을 했어.

My new friend Hannah said I should ride a bike.

내 새로운 친구 해나는 내가 자전거를 타야 한다고 했어.

" It is a [   ] way to get to school,"
she said.

"그건 더 빠르게 학교에 도착하는 방법이야." 그 애가 말했어.

But [   ] is [   ] problem.

하지만 여기 문제가 하나 더 있어.

As you know, I [   ] ride a bike.

너도 알다시피, 나는 자전거를 못 타.

Maybe I will learn how to [   ].

어쩌면 나는 자전거 타는 법을 배울지도 몰라.

I'll write to you again soon!

내가 곧 다시 편지할게!

Yours, Michael

PART 04

Let's Fill In!

A 보기 에 주어진 표현을 사용해서 James의 하루를 완성해 보세요.

보기
answer
name three animals
sorry
a quiz game
quickly

"We are having ____________________ today," said Mrs. Connor.

"우리는 오늘 퀴즈 게임을 할 거야." 코너 선생님이 말했어요.

"First, I am going to see if you can ____."

"먼저, 나는 너희가 동물 이름 세 개를 댈 수 있는지 볼 거야."

"I'll go first!" said James ________________.

"제가 먼저 할게요!" 제임스가 빠르게 말했어요.

"A tiger, a bear, and a car?"

"호랑이, 곰, 그리고 자동차?"

"Close, but ________________," said Mrs. Connor.

"아슬아슬했지만, 아쉽구나." 코너 선생님이 말했어요.

"Ask us to ______________ again!" said other children.

"저희에게 다시 대답하라고 시켜 주세요!" 다른 아이들이 말했어요.

B 왼쪽에 있는 James의 하루를 보고, '나'의 일기로 바꿔 써 보세요.

잘 생각이 나지 않으면 아래의 우리말 힌트를 참고해도 좋아요.

Title: The Quiz Game ☺ July 23rd, Thursday

" [　] [　] [　　　] a quiz game

[　　　　]," said Mrs. Connor.

"First, [　] [　] [　　] [　　]

[　　] if you can name three animals."

"I'll go first!" I said quickly.

"A tiger, a bear, and a car?"

"Close, but sorry," said Mrs. Connor.

" [　　] [　] to answer [　　　] !"

said my classmates.

우 리 말 힌 트

"우리는 오늘 퀴즈 게임을 할 거야." 코너 선생님이 말씀하셨다. "먼저, 나는 너희가 동물 이름 세 개를 댈 수 있는지 볼 거야." "제가 먼저 할게요!" 내가 빠르게 말했다. "호랑이, 곰, 그리고 자동차?" "아슬아슬했지만, 아쉽구나." 코너 선생님이 말씀하셨다. "저희에게 다시 대답하라고 시켜 주세요!" 내 반 친구들이 말했다.

Let's Fill In!

A 에 주어진 표현을 사용해서 Megan의 하루를 완성해 보세요.

보기

boring

five seconds

loudly

thirty minutes

easy

ten minutes

Megan has a little sister named Alice.

메건에게는 앨리스라는 이름의 여동생이 있어요.

Today, they talked _____ about numbers.

오늘, 메건과 앨리스는 숫자에 대해 큰 소리로 이야기했어요.

"Can you count to ten in _____?"
Alice asked Megan.

"언니 십 분 동안 숫자 십까지 셀 수 있어?" 앨리스가 메건에게 물었어요.

Megan counted to ten in just _____.

메건은 오 초 만에 숫자 십까지 셌어요.

"That is so _____ and _____," she said.

"그건 정말 쉽고 지루해." 메건이 말했어요.

"Now, can you count to a million in
_____?" Alice asked again.

"이제, 언니 삼십 분 동안 숫자 백만까지 셀 수 있어?" 앨리스가 다시 물었어요.

B 왼쪽에 있는 Megan의 하루를 보고, **보기** 에 주어진 표현을 사용해서 Megan과 Alice의 문자 대화를 완성해 보세요.

보기   that is | here is | a faster way | count to | can you | in one hour

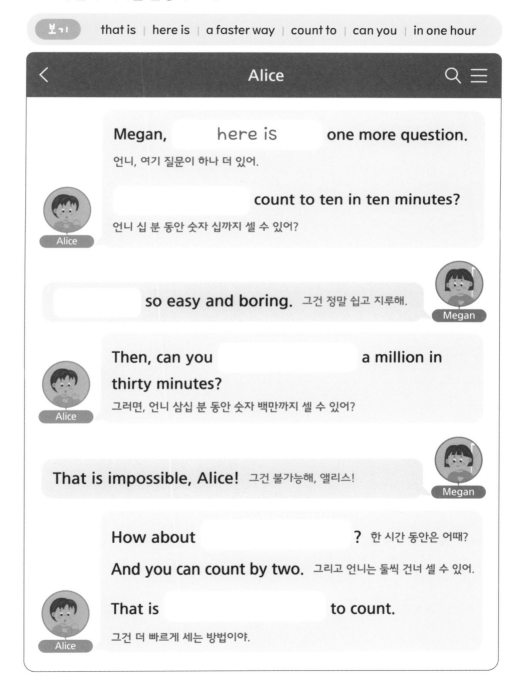

Alice

Megan,   here is   one more question.
언니, 여기 질문이 하나 더 있어.

                 count to ten in ten minutes?
언니 십 분 동안 숫자 십까지 셀 수 있어?

            so easy and boring. 그건 정말 쉽고 지루해.

Then, can you   a million in thirty minutes?
그러면, 언니 삼십 분 동안 숫자 백만까지 셀 수 있어?

That is impossible, Alice! 그건 불가능해, 앨리스!

How about   ? 한 시간 동안은 어때?
And you can count by two. 그리고 언니는 둘씩 건너 셀 수 있어.

That is   to count.
그건 더 빠르게 세는 방법이야.

Let's Write!

A 앞에서 공부한 내용을 떠올리면서, 아이들의 하루를 따라 써 보세요.

1 "우리는 오늘 음악 연습을 할 거야." 코너 선생님이 말했어요.

"We are having a music practice
today," said Mrs. Connor.

2 "나는 너희가 노래를 부를 수 있는지 볼 거야!"

"I am going to see if you can sing!"

3 아이들은 함께 노래를 불렀습니다.

The children sang a song together.

④ "그건 정말 재밌어요." 아이들이 말했어요.

"That is so fun," said the children.

⑤ "저희에게 다시 듣고 노래하라고 시켜 주세요."

"Ask us to listen and sing again."

⑥ "물론이지, 여기 노래가 하나 더 있단다." 코너 선생님이 말했어요.

"Sure, here is one more song,"

said Mrs. Connor.

B 앞에서 공부한 내용을 떠올리면서, Ayanna의 하루를 따라 써 보세요.

① 여름 휴가였어요.

It was a summer holiday.

② 아이아나는 자신의 사촌과 신이 나서 이야기했어요.

Ayanna talked excitedly with her cousin.

③ "너 삼십 초 동안 숫자 십까지 셀 수 있어?" 아이아나의 사촌이 물었어요.

"Can you count to ten in thirty seconds?" asked her cousin.

4 "나는 숫자를 좋아하지 않아." 아이아나가 말했어요.

"I don't like numbers," said Ayanna.

5 "우리 케이크를 만들면 어때?

"Why don't we make a cake?

6 우리는 나의 새 믹서를 사용할 수 있어.

We can use my new mixer.

7 그건 더 빠르게 케이크를 만드는 방법이야."

It is a faster way to make a cake."

나의 일기에 사용할 표현을 네 개 골라 ◯ 표시하고, 고른 표현들을 사용해서
그림 일기를 완성해 보세요.

Expression Box

❶	❷	❸	❹
a drawing contest 그림 그리기 대회	draw this flower 이 꽃을 그리다	cool 멋진	paint 색칠하다
a math exam 수학 시험	solve this problem 이 문제를 풀다	hard 어려운	think 생각하다
a sprinting race 단거리 경주	run fast 빠르게 달리다	simple 간단한	try 도전하다

Date:　　　　　　　　　　　　　**Weather:** ☀ ☁ ☂ ❄

엉뚱하고 재미있는 글이 되어도 좋아요.

"we are having ¹ 　　　　　　 today,"
said the teacher.

"I am going to see if you can ² 　　　　　　."

"That is so ³ 　　　　　　!" everyone said.

"Ask us to ⁴ 　　　　　　 again."

행운의 숫자 7

여러분은 미국에서 숫자 7이 아주 특별하다는 사실을 알고 있었나요? 7은 마치 마법의 숫자와 같답니다! 어떤 사람들은 일주일에 일곱 개의 날이 있기 때문에 숫자 7이 특별하다고 생각해요. 그 일주일 동안 우리는 많은 모험을 할 수 있지요. 그리고 무지개에는 일곱 개의 색이 있어서, 무지개를 멋지고 알록달록하게 만들어요. 또 어떤 사람들은 여러분이 네잎클로버를 찾으면, 7년 동안 행운이 함께할 것이라고 믿는답니다! 그러니 여러분이 다음번에 숫자 7을 보게 되면, 미소를 지어 보아요. 미국 문화권에서 숫자 7은 행운의 부적이기 때문이죠!

Answers

PART 02 Vocabulary Quiz

36p

A quietly / together / count

B easy / time / turn

C 1 ☑ running   ☐ ranning
   2 ☐ ibea   ☑ idea
   3 ☐ agein   ☑ again
   4 ☑ second   ☐ secund

37p

D

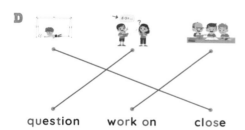

question   work on   close

E

¹r	²a	c	e			⁵e	
s				³h		a	
k		⁴f	a	s	t		
				n			
⁶l	o	u	d	⁷l	y		
				o			
				v			
⁸a	n	s	w	e	r		

PART 03 Let's Practice!

39p

C 2 We are having a quiz game today.
   3 We are having a spelling test today.

D We are having a music practice today.

41p

C 2 I am going to see if you can spell this word.
   3 I am going to see if you can name three animals.

D I am going to see if you can spell this word.

43p

C 2 That is so fun.
   3 That is so difficult.
   4 That is so great.

D 1 That is so boring.
   2 That is so difficult.

45p

C 2 They talked quickly.
   3 I talked slowly.
   4 We talked excitedly.

D 1 We talked softly.
   2 I talked excitedly.

47p

C 2 Ask us to run again.
   3 Ask us to answer again.
   4 Ask us to listen again.

D 1 Ask us to run again.
   2 Ask us to answer again.

49p

C 2 **Can you count** to one hundred in ten minutes?

3 **Can you** count to one thousand in thirty minutes?

D Can you count to ten in one hour?

51p

C 2 **It is** a faster way to do homework.

3 **It is** a faster way to get to school.

D It is a faster way to get dressed.

53p

C 2 **Here is** one more word.

3 **Here is** one more problem.

4 **Here is** one more story.

D 1 Here is one more problem.

2 Here is one more word.

54p

A "We are having a spelling test today," said Mrs. Connor.

"I am going to see if you can spell this word."

"That is so difficult!" said Neil.

"All right, here is one more word," said Mrs. Connor.

This time, everyone put up their hands.

"I'll go first!" they said loudly.

55p

B "We are having a spelling test today," said Mrs. Connor.

"I am going to see if you can spell this word."

" That is so difficult!" I said.

"All right, here is one more word," said Mrs. Connor.

This time, everyone put up their hands.

"I'll go first !" we said loudly.

56p

A Michael took a bus to school and he was late again.

"Why don't you ride a bike?" asked Hannah.

"It is a faster way to get to school."

"Here is one more problem," said Michael.

"I can't ride a bike."

"That's too bad!" said Hannah.

57p

B Dear Nick,

I took a bus to school and I was late again.
My new friend Hannah said I should ride a
bike.
" It is   a   faster   way to get to school," she
said.
But   here   is   one more   problem.
As you know, I   can't   ride a bike.
Maybe I will learn how to   ride a bike .
I'll write to you again soon!
Yours, Michael

58p

A "We are having a quiz game today," said
Mrs. Connor.
"First, I am going to see if you can name
three animals."
"I'll go first!" said James quickly.
"A tiger, a bear, and a car?"
"Close, but sorry," said Mrs. Connor.
"Ask us to answer again!" said other
children.

59p

B " We   are   having   a quiz game   today ,"
said Mrs. Connor.
"First, I   am   going   to   see   if you can
name three animals."
"I'll go first!" I said quickly.
"A tiger, a bear, and a car?"
"Close, but sorry," said Mrs. Connor.
" Ask   us   to answer   again !" said my
classmates.

60p

A Megan has a little sister named Alice.
Today, they talked loudly about numbers.
"Can you count to ten in ten minutes?"
Alice asked Megan.
Megan counted to ten in just five seconds.
"That is so easy and boring," she said.
"Now, can you count to a million in thirty
minutes?" Alice asked again.

61p

B Alice
Megan,   here is   one more question.
Can you   count to ten in ten minutes?

Megan
That is   so easy and boring.

Alice
Then, can you   count to   a million in thirty
minutes?

Megan
That is impossible, Alice!

Alice
How about   in one hour ?
And you can count by two.
That is   a faster way   to count.

PART 06 My Diary

66p

Example

"We are having a sprinting race today,"
said the teacher.
"I am going so see if you can run fast."
"That is so cool!" everyone said.
"Ask us to try again."

숫자 세기 경주

초판 발행   2024년 5월 20일

지은이   마거릿 맥나마라, 성기홍, 롱테일 교육 연구소
그림   마이크 고든
책임편집   명채린
편집   김지혜
디자인   오현정, 박새롬
마케팅   두잉글 사업 본부

펴낸이   이수영
펴낸곳   롱테일북스
출판등록   제2015-000191호
주소   04033 서울특별시 마포구 양화로 113, 3층(서교동, 순흥빌딩)
전자메일   team@ltinc.net

이 도서는 대한민국에서 제작되었습니다.

롱테일북스는 롱테일㈜의 출판 브랜드입니다.

ISBN 979-11-93992-02-9 13740